gato
Katze

coelho

Hase

cão

Hund

pintainho

Küken

pato
Ente

ovelha

Schaf

cabra
Ziege

porco

Schwein

burro

Esel

cavalo

Pferd

vaca

Kuh

rato

Maus

morcego

Fledermaus

abelha

Biene

aranha

Spinne

raposa

Fuchs

veado

Hirsch

esquilo

Eichhörnchen

porco-espinho

Igel

coruja

Eule

sapo

Frosch

cobra
Schlange

guaxinim

Waschbär

papagaio

Papagei

tucano

tukan

jacaré

alligator

tartaruga marinha

meeresschildkröte

flamingo

Flamingo

pinguim

Pinguin

caranguejo

Krabbe

medusa

Qualle

foca

Robbe

tubarão

Hai

baleia

Wal

orca

Orca

estrela do mar
Seestern

rinoceronte

Nashorn

panda

Panda

macaco

Affe

leão

Löwe

tigre

Tiger

elefante

Elefant

www.ingramcontent.com/pod-product-compliance
Lightning Source LLC
LaVergne TN
LVHW071204160826
845679LV00003B/744

* 9 7 9 1 0 4 1 7 0 6 5 5 6 *